DIACRONÍA DE LA FÓRMULA DE TRATAMIENTO *VUESTRA MERCED* Y SUS DIFERENTES EVOLUCIONES

Juan Eduardo García Gaytán

Múnich, agosto de 2015

Impresión y editorial: BoD - Books on Demand,
Norderstedt
ISBN : 9783753476261

"Los resultados más favorables, no dejan de tener conexión con las buenas relaciones entre los individuos"

DEDICATORIA

A España

Porque sin la creación de fórmulas de tratamiento como *vuestra merced*, personajes como Cólon o Cortés no habrían hecho lo que emprendieron con ayuda de la Corona de Castilla. Así también, en México no existiría aún ese tan natural, melódico y amable "su mercé", portado o por la vendedora de legumbres y frutos mexicanos en los tianguis y mercados, o por las comunidades indígenas, herederas de las riquezas materiales, lingüísticas y culturales de México.

CONTENIDO

PRÓLOGO

A lo largo de los estudios de diversas literaturas, y ahora lingüísticos y filológicos en materia del idioma español, me creé el interes de investigar e incursionar un tanto sobre el tema de la fórmula de tratamiento *vuestra merced* y su importancia. Como todos los temas escogidos para trabajos universitarios, esta vez he elegido esta fórmula de tratamiento por ánimo personal. Entre otros temas de carácter lingüístico, éste tema se tornó interesante durante un seminario en la *Ludwig Maximilian Universität* de München.

Al saber los alcances acerca de éste tema sólo por medio del cine, documentos, lecturas e historia, decidí abordar la fórmula de tratamiento *vuestra merced*, para tratar de mostrar su cronología y los resultados de su fuerza, a través del tiempo y la historia. Con el apoyo de bibliografía otorgada por el Profesor del seminario Octavio Toledo, y de otras fuentes bibliográficas, está la propuesta de exponer en éste trabajo para el seminario "Características morfosintácticas de las variedades americanas del español: historia y presente", los orígenes de dicha fórmula de tratamiento, así como algunas de sus evoluciones a través del tiempo y de su última transformación, usada todavía en nuestro presente. Todo ello es en un intento de apreciar una joya más de la gran riqueza del idioma español en el caso de México, y/o del castellano en el caso de España.

J. E. G. G.

INTRODUCCIÓN

Dentro del idioma español, ha habido mucho interés por el estudio de las fórmulas de tratamiento y formas de tratamiento por parte de autores tan importantes en esta temática como Tomás Navarro Tomás o Rafael Lapesa. Así también, estos y otros autores se han preocupado por colocar lo más acertadamente posible estas formas y fórmulas de tratamiento en un marco histórico, dándoles el lugar que merecen en el tiempo dentro de cada idioma o lengua a la que correspondan.

En el presente trabajo se ahonda lo mejor posible en lo que concierne a la fórmula de tratamiento *vuestra merced*, su creación o nacimiento, su desarrollo, evolución y transformaciones, y sus usos tanto peninsulares como americanos. Ello se hace con refuerzos bibliográficos de distintos autores. Asimismo se otorgan las definiciones de *forma de tratamiento y fórmula de tratamiento*. Así también, se exponen algunos objetivos para la creación de la fórmula en cuestión, que tiene su uso más popular y cuantitativo en las sociedades del siglo XVIII. Por último, se llegará al resultado actual, producto de la evolución de *vuestra merced*, hasta llegar a su forma oral más compacta y actual, esto es, *su mercé*.

Fórmula de tratamiento vs pronombre de tratamiento

Entre las relaciones humanas han existido muchos conceptos como la diplomacia y la cortesía, en búsqueda del éxito de la conducta social y relaciones interpersonales. Así también en las relaciones de asuntos internacionales entre los diferentes países, es decir, las relaciones de tipo político. Y al hablar de las relaciones entre individuos, necesariamente se deben abordar temas como las fórmulas de tratamiento.

Hablar de fórmulas de tratamiento, necesariamente remite a lo que conlleva los cambios gramaticales y la morfología, especialmente en lo que respecta a la segunda persona, en relación con el respeto y la confianza. En el caso del idioma español, o castellano, se contrastan las formas *tú* y *usted* en unas regiones geográficas o lingüísticas, o *vos* y *usted* en otras regiones. Con respecto a la fórmula de tratamiento de *vuestra merced*, está inevitablente relacionada con el tratamiento de *vos* y *usted*.

Una sencilla definición a *fórmula de tratamiento* sería:

"La creación formulada de una forma de tratamiento para dirigirse estratificadamente un hablante a un oyente"

Hay que decir que los pronombres de tratamiento como *tú* y *vosotros* son más antiguos que las formas y/o fórmulas de tratamiento, y que de aquellos surgen éstas. Los pronombres de tratamiento tienen que ver con los pronombres de confianza, familiaridad y cortesía de un interlocutor hacia sus receptores, mientras que las formas nominales de tratamiento, como las formas honoríficas (vuestra Excelencia, su Señoría, su Reverencia, etc.), van unidas de un pronombre posesivo con un nombre. Dentro de las formas de tratamiento, ha existido una gran gama de formas en el laboratorio de la pragmática, en donde también han surgido otras fórmas; de ahí que *fórmula de tratamiento* sea un término exacto para *vuestra merced*.

Para los autores reconocidos en el mundo de las letras hispánicas, no ha sido fácil el análisis y rastreo de la fórmula de tratamiento *vuestra merced*, a pesar de que existen los vestigios escritos, existen situaciones sin resolver como el tratar de ofrecer una fecha exacta de su creación, cuál era la correcta pronunciación de éste sintagma, u otros aspectos como bien indica Daniel Sáez*: (...) quedan aún muchos problemas por resolver, como el de establecer la relación entre vuestra merced-v.m.-usted o el de estudiar la evolución de vuestra merced > usted como un proceso de gramaticalización de sintagma nominal en pronombre personal (...).* (2006:2009). Por su parte, Teresa Godoy dice: *En la tradición gramatical, la forma de trato que sustituye al pronombre vos se denomina* **tratamiento de merced.** (2012:111).

Algunos autores como Sáez llama "fórmula nominal" o "sintagma" a *vuestra merced* (2006:2'01), otros dicen que es un tratamiento honorífico, pronombre nominal, una fórmula de tratamiento, etc. Lo cierto es que todo ello concuerda en que se habla de un grupo de vocablos. Otra definición la ofrecemos aquí:

Vuestra merced *es la comunión de un pronombre posesivo y un nombre estético, fórmula creada como resultado de* *otras formas para exaltar y/o adular al interlocutor y así,*

obtener compensaciones (favores, beneficios, etc.).

Desde luego, esta definición esta sujeta a su demostración a lo largo del desarrollo del presente trabajo.

Algunas cuestiones históricas

Como ya se dijo, ha sido difícil dar una fecha exacta de la creación de *vuestra merced,* pero ya se ubica perfectamente por los expertos en el siglo XV, y no solo eso, sino que era la fórmula más recurrente en aquellos años.

Los orígenes de *vuestra merced* tienen su antecedente en el pronombre *vos* heredado y tomado del latín, y que con los siglos se degradaría. Éste pronombre *vos* a lo largo de los siglos XII-XIV conserva el valor de pronombre plural que tenía en latín. Hay ejemplos en la literatura como en el *Cid, El Conde Lucanor*; pero también aparecen otros orígenes del uso de *vos* como pronombre de reverencia con valor singular (Cid, 47). Saéz lo señala así, al explicar el proceso de gramaticalización del pronombre posesivo *vuestro* al posesivo *su*:

(...) se va desligando progresivamente de la forma vos de la cual nació como refuerzo, paralela a la propia degradación de vos, que pasó de expresar respeto a usarse para dirigirse a inferiores o señalar desprecio, uso que según Lapesa (2000:324) no parece haber revasado el final del siglo XVIII, al igual que el vos respetuoso de la

literatura del mismo siglo (...) pervive vos artificialmente en la novela y teatro históricos (...).[1]

El pronombre *vos* va muy ligado al pronombre *vosostros*, y éste tiene su evolución de *vosotros > ustedes*. En lo relativo a esto último, Antonio Alatorre, en su libro *Los 1001 años de la lengua española*, nos dice que en los tiempos del buen latín *vos* significaba *vosotros* para la segunda persona del singular. Para el interlocutor existía el pronombre *tú*, por lo que, habiendo diferentes jerarquías sociales y casi divinas, refiriéndose al papa o a los reyes, se comenzó a utilizar el *vos* de plural solo en las personalidades más importantes. Tanto así, que las más altas personalidades tomaron tan en serio estos cambios que en lugar de decir *ego* decían *nos*. (2003:331-332). Y más adelante dice el mismo autor Antonio Alatorre:

Cuando nacieron las lenguas romances, los pronombres normales de segunda persona eran ya dos: tú para hablar con inferiores y con iguales, y vos para hablar con superiores, o sea respetuosamente (...) Por el contexto se sabía si "con vos hablo" significaba "hablo con

1 Sáez River, Daniel Moisés (2006): "Vuestra merced > usted: nuevos datos y perspectivas", en José Jesús de Bustos Tovar y José Luis Girón Alcorchel (eds), *Actas del VI Congreso Internacional de Historia de la Lengua Española*, vol. III, Madrid, Arco Libros, pág. 2903

vosotros" o "hablo con usted". Solo cuando había peligro de ambigüedad se decía "hablo con vos otros".²

Por su parte, Joan Coromines nos dice en su Diccionario crítico etimológico, castellano e hispánico:

"(...) por una innovación común al castellano con el catalán y la lengua de Oc, vosotros acabó por convertirse en el pronombre normal de la segunda persona plural sin persistencia de énfasis u oposición alguna (...)".³

Y en lo que respecta a la parte voseante, Coromines dice que *vuestro* proviene del latín vulgar VOSTER.TRA-TRUM que remplazó en todas partes a VESTER, por influjo de NOSTER y de VOS. También nos dice que su forma simplificada *vuesso* es muy antigua y arraigada sobre todo en León (*vossa vida*), según es natural dada la proximidad del portugués *vuesso*.⁴ Al parecer es aquí, con éste *vuesso* que la forma va dando ya *vuestro*. En los

2 Alatorre, Antonio([2005)]: *Los 1001 años de la lengua española*, España: Fondo de Cultura Económica de España, pp. 331-332.

3 COROMINES, Joan, PASCUAL, A. [1980-1991 (2012)]: *Diccionario crítico etimológico castellano e hispánico*. España, Gredos, edición en CD-ROM.

4 Ibidem

tiempos de *vuestra merced*, esta forma *vuessa* coexistía en el caso de *Vuestra Señoría*.

Es claro que el tratamiento de *vuestra merced* pervivía en una atmósfera cortesana, entre coronas de los diferentes reinos en España. Además, existía un exagerado sentimiento de la honra, de la grandeza y de la hidalguía. Años después, en el siglo XVII existió entre los españoles también la superstición de la "limpieza de sangre", la portación de ortodoxia y los aires de grandeza, el pronombre *vos* era insuficiente, y hasta ofensivo, para muchas personalidades que querían subir honorable y rapidamente, así que de manera muy rápida la fórmula de tratamiento tuvo que cambiar también en otros estratos sociales, además de los imperiales y clericales.
Hasta aquí, se ha incursionado en un sintético ordenamiento de la aparición del pronombre posesivo *vuestro*. Ahora se analizarán las características del correspondiente sustantivo abstracto: *merced*.

No es fácil tratar de encontrar una explicación a la evolución y acomodamiento de las palabras en relación a otras, y su posible evolución en la historia a través del tiempo. Éste es el caso del nombre o sustantivo *merced*, que confronta algunas teorías y definiciones, o significados provenientes de diferentes y posibles orígenes. Sin embargo, se hará un esfuerzo por dar algo de credibilidad a la siguiente explicación de éste vocablo.

De entrada diremos que la palabra *merced* tiene un estrechísimo vínculo con otra palabra, u otras dos palabras correlacionadas en significados al mismo tiempo entre sí. Esta palabra, o estas palabras, tiene(n) casi, si no es que completamente, el mismo significado que *merced*. Estamos hablando de *gracia* y *gracias*; y sin dejar de lado una de las opiniones, a las que se debe recurrir en primera instancia, para tener un primer acercamiento a la definición de la palabra *merced*, la RAE define literalmente este vocablo así:

merced. *(Del lat. merces, -ēdis).*
1. f. Premio o galardón que se da por el trabajo.
2. f. Dádiva o gracia de empleos o dignidades, rentas, etc., que los reyes o señores hacen a sus súbditos.
3. f. Beneficio gracioso que se hace a alguien, aunque sea de igual a igual.

4. f. Voluntad o arbitrio de alguien. Está a merced de su amigo

5. f. Tratamiento o título de cortesía que se usaba con aquellos que no tenían título o grado por donde se les debieran otros tratamientos superiores. Vuestra o su merced

6. f. Der. En el contrato de arrendamiento, renta o precio.

7. f. ant. Misericordia, perdón.

la ~ de Dios.

1. f. Era u. para designar la fritada de huevos y torreznos con miel.

~ de agua.

1. f. Reparto que se hacía de ella en algunos pueblos para el uso de cada vecino.

a ~, o a ~es.

1. locs. advs. Sin salario conocido, a voluntad de un señor o amo.

Estar, ir, servir, venir a merced

darse, o entregarse, a ~.

1. locs. verbs. darse a discreción.

entre ~ y señoría.

1. loc. adv. coloq. U. para significar que algo es mediano, ni sobresaliente ni despreciable.

estar alguien para hacer ~es.

1. loc. verb. coloq. Estar acogedor, cordial, en disposición favorable.

~, o muchas ~es

   1.   exprs. desus. gracias.

  ~ a.

1. loc. prepos. gracias a.[5]

---

5 http://lema.rae.es/drae/?val=merced

Casi todas las acepciones anteriores tienen en común que en todas ellas está presente, implícita y explícitamente, la dádiva. la petición, la recompensa, el servicio, el beneficio, la posición jerárquica, la subordinación, y el comercio en el caso de la sexta acepción. Con la base etimológica que ofrece el DRAE, se parte de tres vocablos como raíces relacionadas para abarcar en lo posible el significado de *merced*. Primero, MERCES, MERCEDIS que significa "sueldo, jornal, ganancia, beneficio, provecho". El segundo vocablo *mercar* de MERCAR-ARIS, que significa "negociar, vender, comerciar, sacar provecho". Y una tercera raíz etimológica es MERX-MERCIS, "mercancía". Desde luego, no podemos pasar por alto que se relaciona la palabra *merced* con la de *mercar*, utilizada hoy en países como México.

Por su parte, Coromines explica la palabra *merced* como un semicultismo que desciende de MERCES-MERCEDIS, como ya se dijo, y dicho autor también le otorga el significado de "paga, recompensa", que a su vez deriva de MERX-MERCIS, "mercancía". (1980-1991: CD-ROM).

El mismo autor señala la documentación de la palabra por primera vez en la la obra *El Cid:*

***1.a doc.*: Cid**

De uso general desde los orígenes del idioma literario, pero su empleo en la fraseología religiosa y cortesana hizo que el vocablo pasara al castellano en forma semiculta, de otro modo la -d se habría perdido, como en pie o fe. La forma mercé sólo la conozco en aragonés antiguo (Vid Tilander), a no ser en hablas vulgares o modernas donde es reducción fonética de tipo general.[6]

Esta información proporcionada por Coromines se retomará un poco más adelante para ubicar la existencia y uso de la palabra *merced* en los tiempos actuales.

Respecto al origen y travesía de la palabra merced, podemos ofrecer la siguiente hipótesis:

"La palabra *merced*, puede tener su origen en el idioma catalán antes que en el castellano, y de ahí parte por los caminos de las Cortes catalanas, de los litúrgicos y literarios, hasta llegar a las Cortes castellanas, incrustándose en el habla de las sociedades más altas, como las de los reinos y las clericales, por medio de las fórmulas de

---

[6] COROMINES, Joan, PASCUAL, A. [1980-1991 (2012)]: *Diccionario crítico etimológico castellano e hispánico*. España, Gredos, edición en CD-ROM

tratamiento y de manera jerarquizada. Unida la palabra *merced* al pronombre *vuestra*, forman así la fórmula de tratamiento *vuestra merced*".

Por supuesto, esta hipótesis se basaría en los hechos históricos. Al remitirse al idioma catalán, se trata necesariamente de una "lengua puente", transmisora de palabras que se originan en unas regiones o países, y se llevan a otras regiones u otros países, por medio de la lengua catalana en el comercio. Es decir, la palabra *merced* es un catalanismo en el español (*mercé* > *merce-d*).

Para reforzar lo anterior, es necesario ofrecer un poco más de aspectos históricos, y algunos razonamientos sobre las conexiones de los idiomas catalán, castellano y latín, en armonía con actividades humanas, como el "mercar", que se practicaban al surgimiento de la palabra *merced*.
Como se sabe, el idioma catalán es una lengua iberorrománica que tiene afinidades con el galorrománico. Uno de los vestigios literarios más antiguos de esta lengua son los sermones *Homilías de Organá,* y una traducción del *Liber Iudiciorum* (Fuero Juzgo), un código de leyes visigóticas de fines del s. XII; esto es, pruebas de los

poderes superiores en la Edad Media, como lo fueron la iglesia y los reinos, que junto con las leyes divinas y las de los hombres imperaban de manera total. Se debe decir que, en los territorios donde se habla el catalán, existieron antes otras lenguas como el vascuence, la lengua de los íberos, que más tarde convivieron con el griego, practicando una de las actividades más antiguas, importantes y necesarias para los pueblos y toda civilización: el comercio. Con esta actividad del comercio es sin duda que en algún momento se comenzaron a utilizar las palabras, cuyos significados se han expuesto anteriormente y que tienen relación y desembocan de manera inequívoca en *merced*. También hay que resaltar que la lengua catalana, a diferencia del castellano y otras lenguas románicas, ha sido más fiel al latín fonológicamente. El catalán es una lengua romance, tan similar al castellano, con la que se puede apreciar de manera cercana y viva el esplendor y belleza que tuvo el latín en momentos como la Edad Media. Citando las palabras de uno de los medievalistas más respetados, si no el más, Menéndez Pidal escribió:

"El lenguaje es creación colectiva de un pueblo, sujeta a la historia particular de ese pueblo; cada fenómeno idiomático, el que parezca más espontaneo e improvisado, depende de una tradición histórica".[7]

Ese es el caso, también de la lengua y cultura catalana. Es importante distinguirla, como rasgo cultural de un pueblo que ha preservado su lengua desde sus orígenes hasta nuestros días, y que, a través de esa lengua, palabras como *mercè* en catalán y *merced* en castellano se crearon, se transmitieron y evolucionan hasta nuestros días.

En cuestión de la literatura catalana se debe resaltar el tiempo de esplendor de la lengua catalana, como lo fue el tiempo de la Edad Media. En ese tiempo, comienza la productividad literaria catalana. Además, se debe reconocer que Cataluña fue la primera región hispana en donde hubo literatura porque, contrariamente a otras regiones peninsulares, no se preocupó de lidiar con los moros y se dedicó a tener más contacto con Europa,

---

[7] ALVAR, M, BADÍA, R. De BALBÍN, L. LINDLEY CINTRA (Introducción de Menéndez Pidal, R. (1967?): *Enciclopedia lingüística hispánica*, Madrid, Consejo Superior de Investigaciones Científicas (Sucesores de Rivadeneyra), pág. LXXVI

especialmente con Provenza. Así, en el s. XIII se empezó a escribir en provenzal, en su mayoría textos en prosa, desde luego obras religiosas e históricas, además de los textos notariales y referentes a la política. Así también, con el contacto e imitación del estilo francés y la lengua de Provenza, se escribieron obras con temas míticos y célticos, que trajeron como resultado las novelas de caballería como Tirante el blanco (*Tirant lo blanc*) de Joanot Martorell y Marti Joan de Galba. Cataluña tuvo su escuela de poesía lírica, y sus poetas formaban parte del movimiento trovadoresco del sur de Francia. En los siglos XIV y XV, se escuchaba en Europa el surgimiento del Renacimiento italiano, y algunos autores catalanes fueron atraídos por el inovador movimiento, como A. Canals, imitadores de Petrarca, como Bernat Metge y Jordi de Sant Jordi. En ese tiempo, Cataluña estaba más italianizada que Castilla y en efecto, la lengua catalana está forjada por la influencia y el contacto de la lengua italiana. Y acerca de los dialectos en España, de manera singular los de la parte de la Península Ibérica, Menéndez Pidal toma como procedencia de ellos, los dialectos del sur de Italia.[8] En este

---

8 Ibídem, pág. LXXIV

punto hay que decir que en la literatura italiana, ya autores, como Boccaccio, utilizaban no solo la palabra *mercé,* sino ya la expresión *la vostra mercé* en su obra *DECAMERON* de 1348, para referirse a "la gracia" con el sentido de "honor" al dirigirse a los presentes de un convite en la décima jornada, novela cuarta,[9] o en la novena novela de la novena jornada, cuando utiliza la expresión *mercé per Dio*[10] con el sentido de "pedir por la gracia de Dios". En el idioma inglés, adoptó la palabra con otros significados al convertirse en *mercy*, "misericordia", "piedad", etc, como se verá más adelante.

Para el año de 1412, los caminos de la lengua catalana toman otros rumbos desde la llegada a la Corona de Fernando I de origen castellano. Las cortes catalanas y los hablantes del catalán comienzan a adoptar el castellano. Así, las clases altas y adineradas siguen asimilando el castellano como lengua de prestigio por encima de la lengua catalana.

9 BOCCACCIO, Giovanni (2017): *DECAMERON*, Milano, BUR Rizzoli, pág. 1530.
10 Ibidem, pág. 1453

Una vez ofrecido un pequeño panorama historico, y hacer un rastreo en el tiempo acerca de la palabra *merced,* se ofrecen otras definicióones de esta palabra por parte del Institut d'Estudis Catalans:

mercè [pl. -ès]

1 1 f. [LC] Benefici graciós que es fa a algú, acte de benvolença. Clamar mercè. Demanar mercè a algú. D'ell, no n'espereu mercè.

1 2 [LC] mercè a Déu Gràcies a Déu.

1 3 [LC] prendre algú a mercè Concedir-li el perdó.

1 4 [LC] vostra mercè [o la mercè vostra] Títol de cortesia.

1 5 [LC] a la mercè de [o a mercè de] loc. prep. a) A la discreció de. Estar a mercè d'algú.

1 5 [LC] a la mercè de [o a mercè de] loc. prep. b) per ext. A la mercè dels vents.

2 1 f. pl. [LC] Gràcies. Mercès! Grans mercès! Galants mercès!

2 2 [LC] mercès a Gràcies a.[11]

Como se podrá observar, se aprecian diferencias entre las definiciones por parte del Institut d'Estudis Catalans y las de la RAE; y, aunque también existen similitudes entre ambas instituciones, no pasan inadvertidas aquellas diferencias. Las definiciones del Institut d'Estudis

---

11 http://dlc.iec.cat/results.asp?txtEntrada=merce&operEntrada=0

Catalans son más conservadoras y tradicionales, y ofrecen los verdaderos significados que se han continuado a través del tiempo sin experimentar muchos cambios. En cambio, las definiciones en la RAE, aparte de que se explican de otra manera, se han acrecentado adquiriendo nuevos significados, a tal grado que en algunas de ellas se pierde el significado original; es decir, ha habido evolución semántica de la palabra *merced* en el idioma castellano.

Solo para cerrar con los significados de *merced*, estos siguieron por los caminos del idioma inglés con su resultado en *mercy*, algunos son: "misericordia", "compasión", "piedad", "gracias de Dios", "lástima", "conmiseración", "clamar perdón", "clemencia", etc. Hay que mencionar que, algunos de estos significados también se han utilizado por parte del idioma español y del catalán en contextos no muy benéficos y ventajosos, sobre todo para aquel que pide *merced*. Pero retomando el significado de "la gracia" y "las gracias" en la fórmula de tratamiento *vuestra merced*, a continuación se incursionará en torno a los objetivos de la creación de esta fórmula de tratamiento.

Muchos han sido los tratamientos protocolarios para las monarquías y la iglesia, a lo largo de los siglos. Estas formas y fórmulas de tratamiento, son muy antiguas; fueron creadas primero para personalidades divinas, como los dioses en diferentes culturas. Con el tiempo, éstas se transladaron a personalidades humanas, que representaban los máximos poderes como el eclesiástico, el de poder económico y el jurídico, representados por los emperadores y reyes.

Una de aquellas formas es el caso de *Vuestra Majestad > su Majestad,* que proviene de la palabra latina MAIESTAS, -ATIS "grandeza", y esta a su vez derivada de MAIOR, ORIS, adjudicándose primero a Dios y luego conjuntamente a emperadores y reyes. Otros autores señalan que proviene de MAIUS, MAGISTER, MAGNUS, MAIESTAS, y de ahí se crean palabras en español como: *más, maestro, magno, majestad,* etc. Su función es connotar básicamente "lo grande", "lo más grande" o "la grandeza". Así como la palabra *majestad* utilizada protocolariamente a divinidades y emperadores, también surgieron otras como: *Señoría, Alteza, Santidad, Excelencia, etc, etc.* Todas ellas en ocasiones seguidas de un adjetivo como *Serenísima, Excelentísima, Sacra, Cesárea, Ilustrísima, etc, etc*, que acrecentaba aún más la grandeza, respeto, poder, y características de la magnificente personalidad que se hacia portar, o que se le adjudicaba al interlocutor, como aquellos altos clérigos y emperadores. Sin embargo, todas esas palabras llevaban antepuesto el pronombre posesivo *vuestra*. De esta manera fue como *merced* obtuvo su lugar entre aquellas formas con su respectivo pronombre, formando así *vuestra merced*. Y, remitiendonos una vez más a la vagancia de nuestra fórmula de tratamiento, nos dice Coromines:

"según Valdés, sólo los extranjeros pronunciaban vuestra merced en su tiempo, mientras que esta forma y vuessa coexistían en el caso de v. Señoría (Diál. de la L., 88)".[12]

De esta manera, es probable que los viajeros entre tierras catalanas y castellanas, hayan exportado la fórmula de tratamiento los primeros, e importado los segundos. Igualmente, para los siglos XV y XVI, se usaban las formas protocolarias, como muestra el siguiente

---

12 COROMINES, Joan, PASCUAL, A. [1980-1991 (2012)]: *Diccionario crítico etimológico castellano e hispánico*. España, Gredos, edición en CD-ROM

fragmento de una carta de Cristobal Colón al escribano de ración:

"Señor: Porque sé que auréis plazer de la grand vitoria que nuestro Señor me ha dado en mi viaje vos escriuo ésta, por la qual sabreys cómo en ueinte dias pasé a las Indias con la armada que los illustríssimos Rey e Reyna, nuestros señores, me dieron, donde yo fallé muy muchas islas pobladas con gente sin número, y dellas todas he tomado posesión por Sus Altezas con pregón y uandera rreal estendida, y non me fue contradicho.
(...)
Fecha en la calauera, sobre las islas de Canaria, a XV de febrero año mil CCCCLXXXXIII".[13]

Para entonces ya se usaba el posesivo *su (s)*, que convivía con *vuestro*. Ofrecemos un ejemplo más, encontrado en otro fragmento epistolar; esta vez de la segunda carta de relación de Hernán Cortés al emperador Carlos V:

"Enviada a su sacra majestad del emperador nuestro señor, por el capitán general de la Nueva España, llamado don Fernando Cortés (...) Porque para dar cuenta, muy poderoso señor, a vuestra real excelencia, de la grandeza, extrañas y maravillosas cosas de esta gran

---

13
https://es.wikisource.org/wiki/Carta_de_Col%C3%B3n_al_escribano_de_raci%C3%B3n_(impreso)

ciudad de Temixtitan, del señorío y servicio de este Mutezuma, señor de ella (...)

Todas las veces que a vuestra sacra majestad he escrito, he dicho a vuestra alteza (...)

(...) mayormente siendo esta tierra, como ya muchas veces a vuestra majestad he escrito, de tanta grandeza y nobleza, y donde tanto Dios Nuestro Señor puede ser servido y las reales rentas de vuestra majestad acrecentadas, suplico a vuestra majested las mande mirar, y de aquello que más vuestra alteza fuere servido me envíe a mandar la orden que debo tener, así en el cumplimiento de estas dichas ordenanzas, como en las que más vuestra majestad fuere servido que se guarden y cumplan (...)

Segura de la Frontera 30 de octubre de 1520"[14]

En los fragmentos de Cortés es evidente la exaltación, y abundante uso de las formas de tratamiento que se usaban en aquellos tiempos. Este tipo de escritos son sin duda una riqueza de vestigios lexicos y de fórmulas de tratamiento, que debían tener como objetivo, aparte del tratamiento

---

14
http://www.google.de/imgres?imgurl=http://www.staff.unimainz.de/lustig/texte/antologia/Cortesle.
gif&imgrefurl=http://www.staff.unimainz.de/lustig/texte/antologia/cortes.htm&h=300&w=258&tbni
d=iQlEr5vhOUFuBM:&tbnh=123&tbnw=106&usg=__0mDDzhTr0S2DyKlXMkASp8A2VPQ=&doc
id=OlbrwFUcFeWSvM&sa=X&ved=0CCcQ9QEwAmoVChMIhd218PHExwIVCV0UCh00aqj

protocolario en sí, la recompensa, el beneficio, y una negociación sutil e implícita, por parte del emisor.

Auge y evolución de *vuestra merced > usted*

Para que los sonidos, que el hombre primitivo emitía, se convirtieran en sus primeras palabras, y éstas a su vez evolucionaran a cambios morfológicos y fonológicos diferentes y reducidos, debió pasar mucho tiempo. Los expertos dicen que generalmente estos procesos llevan siglos, y un claro ejemplo podría ser la palabra *oro*, en palabras de Alatorre: "La simplificación del diptongo *au* es rasgo propio del latín vulgar; la palabra española *oro* viene del latín *aurum,* pero los romanos del siglo I, al pronunciar descuidadamente su *aurum,* decían ya algo parecido a nuestro *oro.* (...) el desgaste suele llevarse siglos; rara vez se dan casos tan rápidos como el del *usted o usté* en el que quedó convertido el pronombre vuestra merced (...)." (2003:58). Como se puede deducir, el proceso de conversión de *vuestra merced > usted* fue un cambio más rápido que el cambio de muchas palabras como la palabra *oro.*

En el apartado anterior se expuso el tema central hasta los siglos XIV-XV. Ahora se exponen los cambios que sufrió *vuestra merced* > *usted,* con algunas de sus evoluciones intermedias a lo largo de los siglos XVII-XIX.

En el siglo XV, *vuestra merced* era la fórmula de tratamiento más frecuente, era una innovación pero no tenía un uso adecuado y regulado gramaticalmente en la lengua castellana. De esta forma *vuestra merced* llegó a pluralizarse con *vuestras mercedes,* que se convirtieron con el uso y el tiempo en *ustedes.* Hay que mencionar que en las investigaciones y estudios, por parte de autores en el tema del proceso de gramaticalización de vuestra *merced* > *usted,* se dejan de lado situaciones a las que no se han encontrado respuestas absolutas. Algunas pruebas fehacientes son los documentos, mayoritariamente en los siglos XVIII y XIX. Los ejemplos escritos van desde la correspondencia cotidiana entre las entonces mal llamadas Las Indias y la Península Ibérica, hasta declaraciones judiciales, y no es posible conocer situaciones especiales, como las pronunciaciones de distintas evoluciones entre *vuestra merced* y *usted.*

Otras pruebas son los materiales didácticos de español para extranjeros de los siglos XVII y XVIII. Rafael Lapesa ha sugerido una explicación histórica para encontrar nuevas respuestas a ese proceso de gramaticalización. El mismo autor defiende la hipótesis de que *usted* se difunde por el abuso de la clase baja y la falta de gusto en el habla en los siglos XVII y XVIII, a pesar de que ya en el siglo XVII se alcanzaba el 100% de su uso. Y es ahí, en las clases más bajas, en donde desvirtuó *vuestra merced*, que imperaba entre las clases más altas. Las clases bajas hacian intentos de compararse a las clases altas. Así lo señala Daniel Sáez: *El impulso de emulación de los nobles por parte de la plebe y el propio populismo o majismo de los nobles debieron de ser fenómenos confluyentes que explican el triunfo de usted.* (2006: 2908).

Algunas de las formas desgastadas que presentan algunos autores como Godoy son *vuesarced, vuesasted, usted* en el uso oral (2012:112), y las más controvertidas *vuesanced* y *vuesanted* (2012:126). Sáez por su parte, expone las de *voarré, voacé, vosasted, vusted* (última variante vulgar), *usted* en sus formas reducidas (2006: 2903), y Antonio Alatorre señala *vuesarced, voarced, vuarced, voacé, vucé* por una parte; y por otra parte *vuasted, vuested, vusted, y uced* incluyendo *bosanzé boxanxé* que usaban los moriscos. (2003:278). A través del marco histórico de estas evoluciones, convivieron *vuestra merced* y *usted* con valores funcionales y de significados diferentes; ellos fueron los que terminaron sustituyendo a *vos*. Además, al surgir las variedades *usted-ustedes*, al igual que *vosotros*, tuvieron repercusión en las variedades geográficas del español. Por un lado, *ustedes* y *vosotros* se utilizaba en la Península Ibérica, y solo *ustedes* en América con la total desaparición de *vosotros*. Así también, se dice que esta evolución del "tratamiento de merced" es un proceso importante en la historia del español, por la afectación de los pronombres. En el hámbito institucional, son las abreviaturas *v.m.* de *vuestra merced* las que perviven en la escritura, mientras que *usted* y *ustedes* son las marcas del coloquialismo en la población, según los manuales de español para extranjeros y los mismos documentos de las instituciones.

Los primeros registros de la aparición de la forma *usted*, es en el año de 1620 en obras de teatro; consta en archivos en España en 1652 y en América en 1692. Así también, los primeros testimonios en Costa Rica, con uso de trato informal y valor de *tú*, se realizan en 1724. Y al hablar del caso del español costarricense, en un artículo de Karolin Moser acerca de los usos de *usted* en Costa Rica, se hace uso de varios modelos pragmáticos para encontrar respuestas al uso del ustedeo en los hablantes de San José. Con diferentes modelos, entre ellos el de Brow/Levinson, se encontró por ejemplo que la forma *usted* en San José tiene usos a nivel verbal y pronominal entre relaciones simétricas informales, es decir, entre las relaciones familiares, con usos imperativos también a nivel familiar. También en dicho artículo se muestra la convivencia de dos *usted*, que como bien señala Vargas Dengo, uno es convencional, que marca respeto y distancia, y otro informal, que se usa para marcar confianza y proximidad. (2010:706). Además, en el mismo artículo, se encuentra que los hablantes de San José optan en ocasiones por el uso del voseo o bien del ustedeo. Desde luego estos casos en América del Sur son producto del sincretismo, objeto de estudio de varios lingüistas.

Acerca de las primeras abreviaturas de *usted V.* y *Vd.* surgen en este siglo XVIII que es el siglo más fecundo en la utilización de estas nuevas formas; las variantes del pronombre en ese tiempo serían: *vusted, (buste, busted)*, *osté (osted)* y *uste (d)*. Hay pruebas en corpus que muestran las formas de *usted* con /-v/ conocidas por hablantes tanto de América, como peninsulares. Dentro de éste uso escrito de *usted* y fuera de las instituciones, aparece vinculado su uso en artículos de prensa, en el periodismo, que sería decisivo para fijar su forma gráfica. Para el siglo XIX, la forma *usted* ya abarcaba casi todas las relaciones sociales entre los adultos; se usaba para marcar la diferencia de edades y marcar diferencias de clase social. Sin duda alguna, los usos de *usted* y *ustedes* no siguieron por los mismos rumbos a lo largo del tiempo, aunque los dos pronombres compartieran inestabilidad formal. Mientras *usted* tuvo diferentes aspectos funcionales, como la distancia en unos casos y de respeto o de confianza en otros, *ustedes* ha tenido más marca de confianza como evolución de *vosotros*. Así pues, parece que la marca plural de *vuestra merced,* o sea, *vuestras mercedes,* ya existía por lo menos desde el siglo XV.

De *vuestra merced* a *su merced*

La diacronía de la fórmula de tratamiento *vuestra merce*, ha tomado varios caminos en el desarrollo del idioma español. Por un lado, hemos visto que la fórmula se gramaticalizó por varios procesos, hasta llegar al pronombre *usted*; sin embargo, la forma *vuestra merced* ha perdurado en su reducción *su merced*, que pervive aún y convive en países de Hispanoamérica, careciendo ésta diacronía de tratamiento poco estudiada e investigada. Al respecto, podemos remitirnos básicamente a información sobre *su merced,* con el apoyo de un artículo de Germán de Granda, quien dice que en el idioma español, este tipo de estudios sobre la forma de tratamiento han sido desiguales por parte de diferentes autores. La presencia y uso de *su merced* se puede comprobar actualmente en países como Santo Domingo, Perú, México, Argentina, Bolivia, Colombia, Cuba, Ecuador, Chile o Puerto Rico; esto como consecuencia de posesiones territoriales dependientes de España en la Época Colonial. La creación de estructuras esclavistas en áreas rurales, con administración de las haciendas en esos países, hizo que por parte de la población trabajadora, como los peones y hacendados, se formara una relación entre esclavo o trabajador y amo o hacendado, en donde se utilizaba esta forma de tratamiento con un empleo de reverencia. En palabras de Germán de Granda: *Aunque en la España europea esta modalidad de uso debió de ser también utilizada, parece claro que fue en la América hispánica donde se la manejó extensamente y en la que, como veremos, todavía se usa hoy.* (2007:168).

Al día de hoy, las funciones de *su merced* se han mantenido, pero también han tomado otros rumbos, y se utilizan ahora también con sentido de solidaridad respetuosa entre miembros de familia, como los esposos, amistad entre iguales, y función afectiva. Con todo ello, Granda concluye diciendo que la diacronía de las diferentes partes del idioma español, queda incompleta sin datos de las realidades y usos americanos: *(...) sin ellos las construcciones diacrónicas referidas a la evolución del castellano quedan gravemente incompletas.* (2010:170).

Muy aparte, y para terminar, se puede informar que Coromines tiene razón. En países como México, existe todavía el "tratamiento de merced" en la forma reducida, *su merced*, en la población de campo, herederos directos de las tierras que organizaron civilizaciones como la de los mayas y los mexicas, y que, en algún periodo de la historia de México, varias generaciones estuvieron sometidas por los europeos, herederos de la Edad Media. Aún se puede apreciar ese *su merced > su mercé*, que irradia respeto y simpatía, que en un primer tiempo tuvo también *vuestra merced* con su verdadero sentido y significado, el de "negociar" o "mercar", por medio de una fórmula respetuosa, evolucionada a un tratamiento de respeto. Esto claramente se puede escuchar y vivir en los mercados de México, en cientos de comunidades famosas como la de Cholula en el estado de Puebla. Todavía más, la última evolución existente del "tratamiento de merced", en poblaciones mexicanas, se puede escuchar aún con otro cambio; así tenemos *vuetra merced > su mercé > su mircé*.

Conclusiones

Se puede decir que la fórmula de tratamiento *vuestra merced* nace como una necesidad; primero, hacia las dignidades más altas, creadas desde formas extranjerizantes y utilizadas por servidores; y segundo, con el objetivo de negociación y beneficio. Por un lado, la fórmula *vuestra merced* es históricamente un título honorífico que distinguía a las clases económica, religiosa, y socialmente poderosas. Con el tiempo, la fórmula se gramaticaliza hasta convertirse en un pronombre que llega a más y diferentes destinatarios en las sociedades americanas y españolas, transformándose así en la forma general de respeto *usted*. Y por otro lado, el "tratamiento de merced", con la fórmula de tratamiento *vuestra merced,* evoluciona a su forma más reducida, *su merced > su mercé*, en el caso de México, con el mismo sentido y significado que adquirió de *vuestra merced*.

Como las vías de investigación son largas, y los materiales muchos, éste trabajo ha tenido el objetivo de explicar, de manera sencilla, las direcciones de una fórmula, de un pronombre, de un tratamiento que, por medio de la diacronía, intentamos alcanzar los primeros vestigios, y llegar a los últimos resultados de la fórmula de tratamiento *vuestra merced.*

Fuentes bibliográficas

ALVAR, M, BADÍA, R. De BALBÍN, L. LINDLEY CINTRA (Introducción de Menéndez Pidal, R. (1967?): *Enciclopedia lingüística hispánica*, Madrid, Consejo Superior de Investigaciones Científicas (Sucesores de Rivadeneyra), I - 656 pp.II - 460 pp.

ALATORRE, Antonio (2005): *Los 1001 años de la lengua española*. España: Fondo de Cultura Económica de España, 416 pp.

BOCCACCIO, Giovanni (2017): *DECAMERON*, Milano, BUR Rizzoli, 1851 pp.

COROMINES, Joan, PASCUAL, A. [1980-1991 (2012)]: *Diccionario crítico etimológico castellano e hispánico*. España, Gredos, edición en CD-ROM.

GRANADA, Germán de (2007): *Hacia la diacronía de una forma de tratamiento en español: su merced, Lexis* 31, 165-175. Fernández Martín, Elisabeth (2012): *"Vosotros/ustedes, Estudios del tratamiento plural en el español dieciochesco"*, en María Teresa Godoy (ed), *El español del siglo XVIII: cambios diacrónicos en el primer español moderno*, Berna {etc.], Peter Lang, 153-154.

GODOY, María Teresa (2012): *El español del soglo XVIII: cambios diacrónicos en el primer español moderno*, Berna [etc.], Peter Lang, 153-154.

MOSER, Karolin (2010): "San José (Costa Rica): desde los significados pragmáticos del ustedeo en el registro coloquial actual hacia sus primeras manifestaciones en el Valle Central (siglo XVIII)", en Martin Hummel. Bettina Kluge y María Eugenia Vázquez Laslop (eds.), *Formas y fórmulas de tratamiento en el mundo hispánico*, México, El Colegio de México/Karl-Franzenns-Universität Graz, 671-713.

SÁEZ River, Daniel Moisés (2006): "Vuestra merced > usted: nuevos datos y perspectivas", en José Jesús de Bustos Tovar y José Luis Girón Alcorchel (eds), *Actas del VI Congreso Internacional de Historia de la Lengua Española*, vol. III, Madrid, Arco Libros, 2899-2912. pp.

Fuentes en línea

http://lema.rae.es/drae/?val=merced

http://dlc.iec.cat/results.asp?txtEntrada=merce&operEntrada=0

https://it.wikisource.org/wiki/Decameron

https://es.wikisource.org/wiki/Carta_de_Col%C3%B3n_al_escribano_de_raci%C3%B3n_(impreso)

http://www.google.de/imgres?imgurl=http://www.staff.unimainz.de/lustig/texte/antologia/Cortesle.gif&imgrefurl=http://www.staff.unimainz.de/lustig/texte/antologia/cortes.htm&h=300&w=258&tbnid=iQlEr5vhOUFuBM:&tbnh=123&tbnw=106&usg=__0mDDzhTr0S2DyKIXMkASp8A2VPQ=&docid=OIbrwFUcFeWSvM&sa=X&ved=0CCcQ9QEwAmoVChMIhd218PHExwIVCV0UCh00agj_

Este trabajo está actualizado por su autor en el año 2021